MANIFESTATION FÜR 2022

In diesem Jahr ***entfalte*** ich…

In diesem Jahr ***fühle*** ich…

In diesem Jahr ***berühre*** ich…

In diesem Jahr ***sehe*** ich…

In diesem Jahr ***höre*** ich…

In diesem Jahr ***schmecke*** ich…

In diesem Jahr ***rieche*** ich…

In diesem Jahr ***bewege*** ich…

Mein Zyklus ist ***etwas ganz wunderbares***, weil…

ZYKLISCH LEBEN

Das Leben verläuft in endlos wiederkehrenden Kreisen, dabei gleicht kein Kreis dem anderen. Die Kreise, gewebt von der Natur mit ihren Jahreszeiten und der Mondin mit ihren Bewegungen, geben Ausrichtung und Halt, verbinden die Vergangenheit mit der Gegenwart und Zukunft und berühren eine Wahrheit, die immer noch tief in den Zellen des Menschenkörpers ruht. Zyklisch zu leben, entspricht unserer Natur. Gegen unsere Natur zu leben, ist anstrengend.

Der Menstruationszyklus mit seinen ganz eigenen wiederkehrenden Kreisen eröffnet Zugang zu Veränderungen im Körper und in der Gefühls- und Gedankenwelt und zeigt ziemlich genau, wenn etwas nicht in Balance ist, sei es körperlich oder emotional. Mitunter gleicht sich der Verlauf des Zyklus auch dem der Mondin an. So verbinden sich die inneren Kreise mit den äußeren Kreisen und geben Einsicht in das Mysterium Leben.

In jedem neuen Kreis des Menstruationszyklus warten Veränderungen und Herausforderungen. Gleichzeitig trägt jeder neue Kreis das Potenzial für persönliche Erkenntnisse. Der Zyklus mit seinen verschiedenen Phasen lädt ein, sich selbst immer besser zu verstehen, sich selbst wichtig zu nehmen, sich zu achten und sich selbst zu lieben. Doch vor allem lädt der Zyklus ein, sich nach Innen zu wenden statt im Außen nach sich zu suchen, sich seiner selbst bewusst zu werden und die eigene Kreativität zu entfalten. So kann der Menstruationszyklus ein großes Portal für innerliche Transformation und Wachstum sein.

Wenn du diese Zeilen liest, fragst du dich vielleicht gerade, was das alles mit deinem Zyklus zu tun hat und warum du Jahre oder gar Jahrzehnte ohne dieses Wissen gelebt hast.

Heranwachsende Mädchen* bekommen bis heute noch nicht gesagt, dass ihr Zyklus etwas ganz Besonderes ist. Dass er weit mehr als eine Voraussetzung zum Kinderkriegen ist. Dass er weit mehr ist als etwas, das weh tut, lästig oder schmutzig ist.

In was für einer Welt würden wir leben, wenn jedes Mädchen und jede Frau* wüssten, dass tief in ihrem Schoß eine Kraft brennt, die gepaart mit dem Herzen mächtig ist und alles kreieren kann, was sie möchte? In was für einer Welt würden wir leben, wenn der Schoß frei wäre von Scham, Angst und Trauer?

Wir leben in einer Gesellschaft, die nicht gerne fühlt. Doch es sind vor allem Gefühle, die den Weg zurück in die zyklische Kraft weisen. Es sind die Gefühle, die helfen, dich lebendig und frei zu fühlen in allen Facetten, die das Leben dir schenkt.

Dieses Journal möchte dich dabei unterstützen, dich jeden Tag neu kennenzulernen. Zu bemerken, wann in deinem Zyklus sich dein Körper anspannt oder wohl fühlt, wann kritische Stimmen dich klein halten, wann du deine Gefühle vielleicht weniger gut spüren kannst, wann deine Kreativität nicht zu bremsen ist, wann du kuscheln oder wilden Sex haben möchtest, wann dein Körper ausruhen möchte, wann Beziehungen sich anstrengend oder tragend anfühlen und wann du deine Energie verschenken oder lieber für dich behalten möchtest.

Die Reise durch die nächsten zwölf Mondinzyklen möchte dich ermutigen, dein Herz weit für dich selbst zu öffnen, dich und deinen Körper zu spüren und zu entdecken, wie wunderbar und vollkommen du in jedem Moment des Aufs und Abs der Zykluskreise bist.

**alle Menschen mit Menstruationszyklus*

DER MENSTRUATIONSZYKLUS

Neben all den Zyklen, an denen wir als Menschen teilhaben, ist der Menstruationszyklus ein ganz besonderes Geschenk. Der Menstruationszyklus gibt einen beständigen Rhythmus zwischen Aktivität und Ruhe vor und eröffnet mit seinen verschiedenen Phasen einen Zugang zu eigenem Potenzial, zur Kreativität und Selbstliebe.

Jede dieser Phasen wird begleitet von Stimmungen, die auch in der Natur spürbar sind:

Die Phase des **WINTERS** – Zeit des Ausruhens, Loslassens, des Kraftschöpfens, Zeit der Stille und des Nichtstuns, Zeit zum Träumen. Diese Phase wird der Blutungszeit zugeordnet und liegt ungefähr zwischen den Tagen 27 und 6.

Die Phase des **FRÜHLINGS** – Zeit der Kreativität und Neugier. Die Energie, um Dinge anzugehen, wächst wieder. Die Energie sich der Welt zuzuwenden nimmt wieder zu. Zeit sich zu strukturieren für den neu beginnenden Zyklus. Diese Phase liegt ungefähr zwischen den Tagen 7 und 12.

Die Phase des **SOMMERS** - Zeit der Fülle, Zeit für Genuss und Lebenslust. Die Energie erreicht ihren Höhepunkt. Zeit, dich dem zu widmen, wofür du brennst und die Welt damit beschenkst. Diese Phase liegt ungefähr zwischen den Tagen 13 und 19.

Die Phase des **HERBSTES** – Zeit, die reifen Früchte zu ernten und sich auf das Wesentliche zu konzentrieren. Zeit des Entschleunigens und aufkommende Gefühle und Einsichten zu zulassen. Also, Zeit der Reflektion und Vorbereitung auf das Ende eines Zyklus. Diese Phase liegt ungefähr zwischen den Tagen 20 und 26.

In der Beobachtung des Zyklus geht es nicht darum, den Zyklus an ein vorgegebenes Muster anzupassen oder zu lernen, wie der Zyklus sich verhalten sollte. Es geht viel eher darum, eine Beziehung zu dir selbst und deinem einzigartigen Rhythmus zu entwickeln.

Dein Zyklus ist weise und gibt dir stetig Auskunft über deine Bedürfnisse. Dein Körper ist dein längster Begleiter. Gehe liebevoll mit ihm um.

DIE ZYKLUSPHASEN

Hier wird ein 28-Tage-Zyklus dargestellt. Doch nicht jeder Zyklus hat 28 Tage. Die Zyklusbeobachtung kann dir helfen, die verschiedenen Stimmungen in deinem Zyklus zu bemerken.

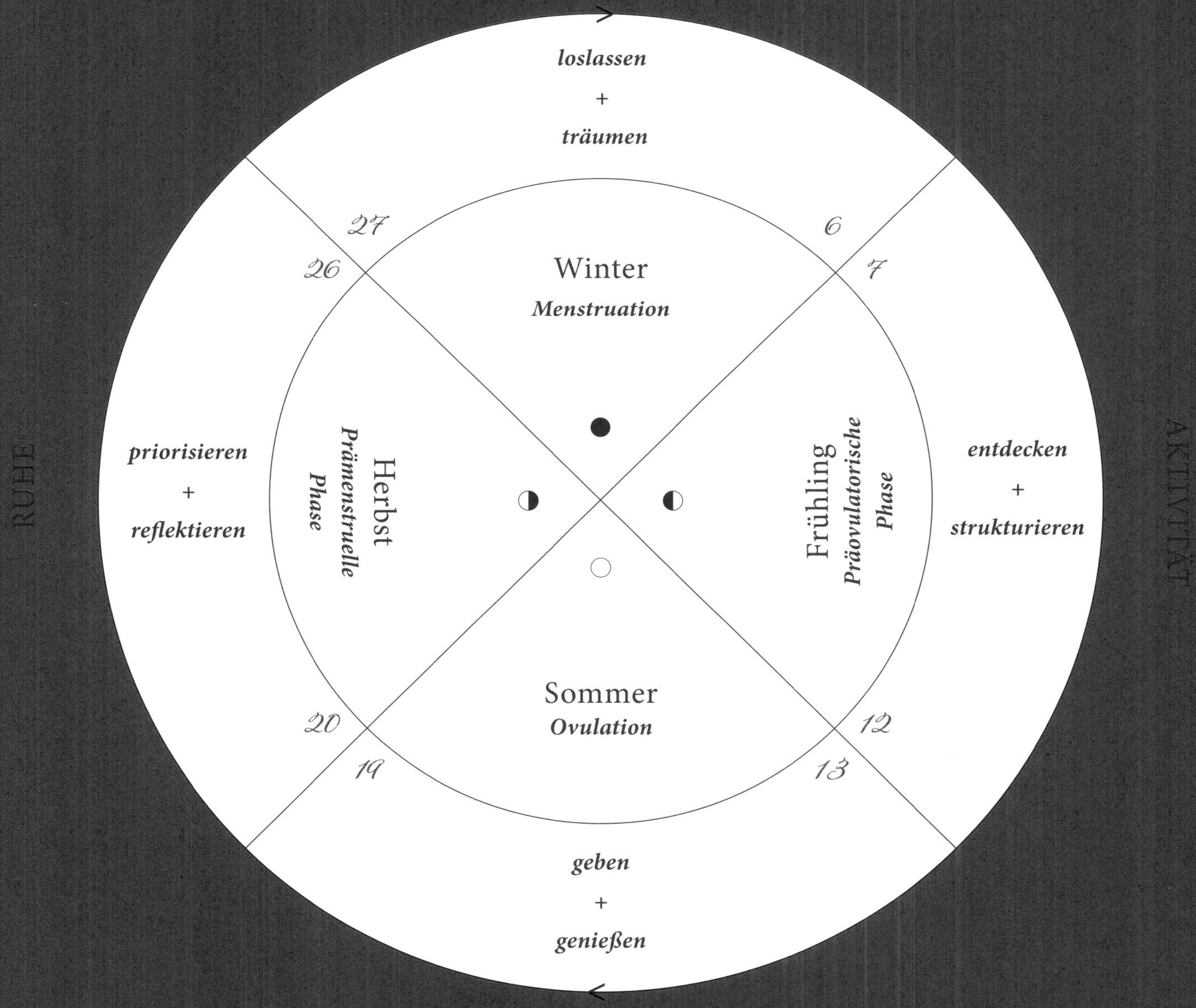

DAS TUT MIR GUT

Der Zyklus lädt ein, dich selbst mit deinen ganz eigenen Bedürfnissen ernst zu nehmen. Auszuruhen, wenn sich dein Körper schlapp anfühlt. Eine Pause einzulegen, wenn sich deine Gebärmutter verkrampft. Dir zu erlauben, nicht produktiv sein zu müssen, wenn du keine Energie hast. Nein sagen, wenn etwas zu viel wird. Den Druck rauszunehmen, wenn sich dein Körper verspannt.

Selbstfürsorge heißt, sich selbst wahrzunehmen und sein Leben so zu gestalten, dass es sich ausgeglichen anfühlt. Doch das ist mitunter gar nicht so einfach mit Arbeit, Studium, Alltag und Familie. Wo ist da noch Platz für eigene Bedürfnisse und zyklisches Leben?

Der erste Schritt ist, dass du dir Zeit für dich nimmst, fünf Minuten am Tag aus dem Hamsterrad aussteigst und dann all die Gefühle, Empfindungen und Gedanken da sein lässt, ohne etwas von ihnen zu wollen oder mit ihnen etwas machen zu müssen.

Die Antwort auf: „Was tut mir gut?", liegt in dir, in deinem Körper. Nur du selbst weißt wirklich, wie du dich fühlst und was du brauchst. Der Dialog mit deinem Körper hilft herauszufinden, was dir ganz genau in welcher Zyklusphase guttut.

Wie fühle ich mich?
Was wünscht sich mein Körper im Moment?

Mit der Zeit erkennst du, dass es ganz bestimmte Tage oder Zeiten in deinem Zyklus gibt, die herausfordernder sein können als andere Tage – emotional und/oder körperlich. Diesen Zeiten kannst du ganz besondere Aufmerksamkeit schenken, indem du sie im Voraus schon in deinem Kalender markierst und dich somit bewusst darauf vorbereiten kannst.

Also kurz gesagt:
Das tut mir gut = dich selbst zur Priorität machen, dich spüren und liebevoll mit dir zu sein.

Es gibt keinen perfekten Zyklus, sondern nur deinen Zyklus. Und wenn du 1% von dem, was dir gut tut in dein Leben integrieren kannst, ist das eine super Sache!

Wenn du dir Unterstützung in der Selbstfürsorge wünschst oder deine körpereigenen Heilkräfte entfachen möchtest, schau dir gern den Onlinekurs „Dein Zyklusplan – Mit Genuss durch den Zyklus" an.
Zu finden auf www.weavingcycles.com

GROSSMUTTER MONDIN

Genauso wie die Natur, spiegelt die Mondin in ihrem Verlauf die Eigenschaften des Menstruationszyklus. Auch sie folgt dem Rhythmus von Aktivität und Ruhe. Sie dehnt sich in ihrer ganzen Kraft aus, bevor sie sich vor den Augen der Menschen komplett zurückzieht und sich für den nächsten Mondinzyklus sammelt.

Die Zeit, in der ***die Mondin rund und voll erscheint, wird deshalb dem Sommer*** zugeordnet.

Die Zeit, in der sich ***die Mondin abwendet und nach innen kehrt, gehört dem Winter*** an.

Die dazwischen liegenden Zeiten gehören der ***wachsenden Kraft des Frühlings und der mehr nach innen gerichteten Kraft des Herbstes.***

Durch die Mondin wirkt somit die Energie des Wachstums, der Fülle, des Lichts, aber auch des Verlustes, des Schattens und der Leere.

Der Lauf der Mondin kann auch in Phasen der Veränderung Halt und Ausrichtung geben. Falls dein Zyklus unregelmäßig ist, du schwanger oder in der Stillzeit bist oder du wieder deinen Rhythmus nach hormoneller Verhütungseinnahme finden möchtest, kann dir der Rhythmus der Mondin Orientierung schenken. Beginne Tag 1 deines Zyklus mit der neuen Mondin und beobachte wie du dich während des Mondinzyklus veränderst.

Im hinteren Teil des Kalenders findest du eine Übersicht über den **Lauf der Mondin**. *Hier kannst du deine Menstruation eintragen sowie alle weiteren Aspekte, die für dich und dein Leben relevant sind.*

● ***Schwarzmondin:*** *Ein neuer Kreis beginnt. Was möchte ich in mein Leben einladen?*

◐ ***Zunehmende Mondin:*** *Was darf in mir wachsen? Wem oder was gebe ich meine Energie?*

○ ***Vollmondin:*** *Wirft Licht auf das, was bisher im Dunkeln lag. Was darf gehen?*

◑ ***Abnehmende Mondin:*** *Wie war dieser Kreislauf?*

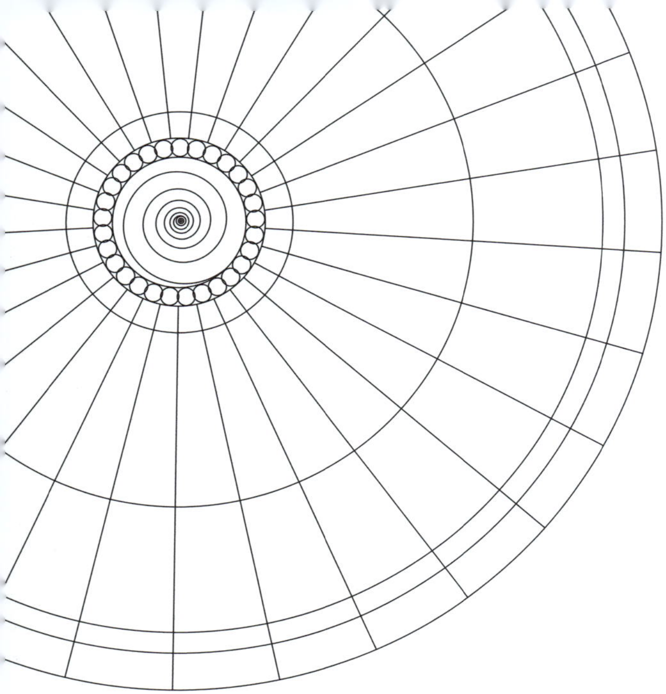

DAS JOURNAL

In diesem Journal findest du zwölf Zyklen. Jeder Zyklus beginnt mit der neuen Mondin. Für jeden Zyklus stehen dir fünf Seiten mit Vorschlägen zur Verfügung, auf denen du deine Beobachtungen, Herausforderungen, Bedürfnisse und Wünsche auf unterschiedliche Art kreativ festhalten kannst.

Dieses Journal entfaltet jedoch erst seine ganze Kraft, wenn du Dinge notierst, die für dich und dein Leben wichtig sind – du also deine eigene Art findest, Muster und Themen aufzuschreiben. Vielleicht gibt es auch Phasen, in denen du keine Zeit findest, Eintragungen zu machen. Dann bemerke liebevoll diese Phasen, statt dich unter Druck zu setzen.

Das Zyklusrad

Auf der ersten Seite ist der jeweilige Zyklus in Kreisform dargestellt mit dem Lauf der Mondin und einer Legende, die dir Gestaltungsmöglichkeiten für die Darstellung deiner Wahrnehmung anbietet.

Die verschiedenen Abschnitte im Kreis können dir helfen, dich auf mehreren Ebenen wahrzunehmen – der körperlichen, der emotionalen und der mentalen Ebene.

Im innersten Kreis des Rades kannst du zum Beispiel deine Blutungszeit eintragen. Der nächste Abschnitt gibt dir die Möglichkeit den Tag deines Zyklus zu vermerken und im darauffolgenden Bereich kannst du körperbasierte Empfindungen notieren. Der dritte Kreis bietet Platz, um emotionale oder mentale Eindrücke des Tages aufzuzeichnen. Im äußersten Kreis kannst du mit einer Farbe die Phase deines Zyklus festhalten oder mit einer Farbe einem Gefühl für den Tag Ausdruck verleihen.

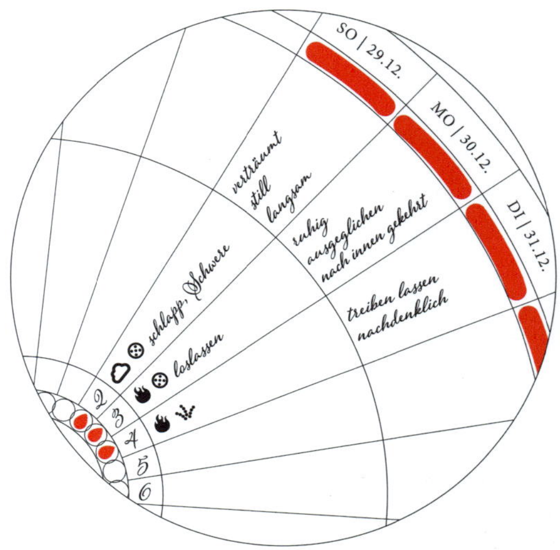

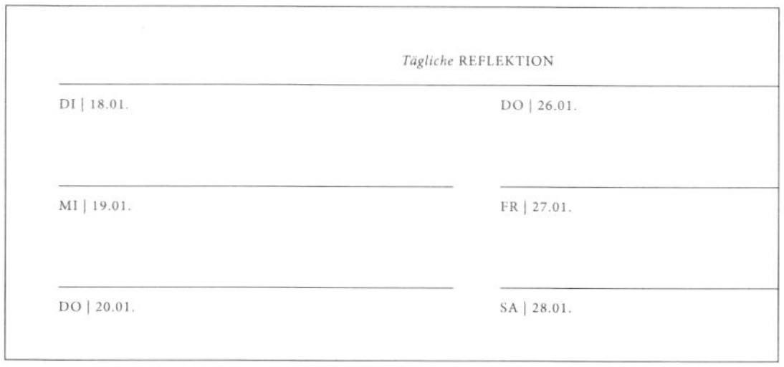
Tägliche REFLEKTION

DI | 18.01. DO | 26.01.

MI | 19.01. FR | 27.01.

DO | 20.01. SA | 28.01.

Tägliche Reflektion

Auf diesen zwei Seiten hast du die Möglichkeit, täglich zusätzliche Informationen zu notieren. Das können **wichtige Momente** sein, die an diesem Tag passiert sind, oder auch **Ideen, Eindrücke und Fragen, die aufgetaucht sind.**

Monatliche Reflektion des Zyklus

Diese Seite lädt dich dazu ein, den gerade durchlebten Zyklus zu reflektieren. Nimm dir etwas Zeit vor oder auch während deiner Blutung, um wahrzunehmen, welche Lebensthemen dich momentan beschäftigen, welche Herausforderungen du angenommen hast, wofür du dich geöffnet hast, was du besonders gut gemacht hast und welche neuen Dinge in dein Leben getreten sind.

Spüre, was du aus deinem Leben verabschieden möchtest. Das können Beziehungen, Gedankenmuster oder ganz praktische Dinge sein. Und dann lade das ein, was in dein Leben kommen soll. **Gib dem neuen Zyklus einen Fokus mit dem Vertrauen, dass das Leben dich beschenken möchte.**

Kreativseite

Auf dieser Seite kannst du deine Zykluserfahrung vertiefen, indem du dich kreativ austobst. Jeder Mensch ist kreativ! Male, schreibe, klebe und gestalte so, wie dein Herz und Schoßraum das möchten.

Jahres-Reflektion

Am Ende des Journals findest du zwei Seiten auf denen du deinen gesamten zyklischen Weg des Jahres Revue passieren lassen kannst. Einige Reflektionsfragen geben dir eine Richtung.

Was magst du an deinem Zyklus?

DIE LEGENDE

Menstruation

Mit dem ersten Tag der Blutung beginnt Tag 1 des neuen Zyklus. Die Menstruation dauert zwischen drei bis sieben Tage. Hier kannst du notieren, wie deine Blutung verläuft, zum Beispiel welche Farbe dein Blut hat oder wie lange und stark du blutest. Mitunter kündigt sich die Blutung durch Spotting an. Das heißt, eine Schmierblutung tritt vor der Blutung auf. Manchmal setzt die Blutung auch einen Tag aus. All das kannst du beobachten und schauen, welche Hinweise dir dein Körper über deine gesundheitlichen und emotionalen Bedürfnisse gibt.

Eisprung

Deinen Eisprung, die fruchtbare Zeit in deinem Zyklus, erkennst du am besten mit der Temperaturmethode. Durch tägliches Messen deiner Temperatur lernst du den individuellen Rhythmus deines Körpers kennen. Der Zeitpunkt des Eisprungs ist durch einen Anstieg (ca. 0,5 Grad) deiner Körpertemperatur gekennzeichnet. Manche Frauen verspüren auch ein Ziehen oder leichte Schmerzen im Beckenraum, während oder nach der Zeit des Eisprungs. Dies ist der sogenannte Mittelschmerz.

≈ Zervixschleim

Dein Zervixschleim gibt dir Aufschluss über deine frucht- und unfruchtbare Zeit und verändert sich während deines Zyklus mit der Schwankung deines Hormonhaushaltes. Der Zervixschleim wird im Gebärmutterhals produziert. Zu Beginn und Ende des Zyklus ist der Zervixschleim kaum bis gar nicht vorhanden. Einige Tage später erscheint er oft als zähflüssig, klebrig, weißlich oder gelblich. Kurz vor dem Eisprung verflüssigt sich der Zervixschleim, wird transparenter und ähnelt Eiweiß. Danach verwandelt sich der Zervixschleim wieder in klumpiges, dickliches Sekret.

Sexualität

Auch deine sexuellen Bedürfnisse unterliegen zyklischen Veränderungen. Hier kannst du festhalten, wie du dich fühlst: Aktiv, passiv, erotisch, sinnlich, weich, empfindlich oder beschützend? Auch, ob du deine Sexualität mit dir zelebrierst oder mit anderen teilst, darf hier vermerkt werden.

Traum

Wichtige Träume, die während deines Zyklus erscheinen.

Energie

Deine empfundene Vitalität kann dir verdeutlichen, in welchen Phasen du ein Bedürfnis nach Ruhe oder Aktivität hast.

☺ Körperempfindungen

Dein Körper gibt dir jeden Tag Signale, wo du dich in deinem Zyklus befindest und welche Bedürfnisse daraus entstehen. So kannst du hier körperliche Empfindungen, wie zum Beispiel schmerzende Brüste, einen aufgeblähten Bauch oder auch ein Gefühl von Kraft und Leichtigkeit notieren.

Kreativität

Hier hast du die Möglichkeit zu veranschaulichen wie viel kreativen Spielraum du dir gibst, um Dinge zu erledigen. Wann du in deinem Zyklus zündende Ideen hast und dir Spontanität und Offenheit zur Verfügung stehen. Auch, wie du mit den Bedürfnissen anderer Menschen in deinem Umfeld umgehst.

Es gibt noch viel mehr Lebensbereiche, die du notieren könntest, wie zum Beispiel Bewegungs-, Schlaf- und Essensbedürfnisse oder welche Aktivitäten du besonders gern zu einem bestimmten Moment im Zyklus machst. Es kann auch sein, dass Konflikte in Beziehungen immer wieder an einem bestimmten Punkt in deinem Zyklus auftreten oder Selbstzweifel in einer bestimmten Phase besonders an dir nagen. Mit der Zeit wirst du merken, welche Bereiche am relevantesten für dich sind.

Du kannst dich dabei fragen: Wie fühle ich mich und was würde mir jetzt guttun?

Wie geht es mir eigentlich?
Sich selbst wahrnehmen.

Sich selbst jeden Tag bewusst wahrzunehmen, hilft zu erkennen, dass genauso wie jeder Tag anders ist, auch Gefühle und Empfindungen sich immer wieder verändern. Nach einer Weile des Aufzeichnens deines Zyklus bemerkst du deinen ganz eigenen Rhythmus von Energieanstieg und Aktivität oder Energieabfall und Ruhebedürfnis. Diese Unterschiede zu beobachten, kann dabei helfen, dich selbst mit den eigenen Bedürfnissen anzunehmen und dich nicht mit der Erwartung unter Druck zu setzen, immer „bereit, produktiv und ausgeglichen“ sein zu müssen. Außerdem verdeutlicht dieser wechselnde Rhythmus auch, dass kein Gefühlszustand von Dauer ist.

Doch wie weiß ich, wie es mir geht?

Lenke deine Aufmerksamkeit auf deinen Körper und durchleuchte ihn von Kopf bis Fuß. Welche Empfindungen kannst du wahrnehmen und wo in dir kannst du diese Empfindungen wahrnehmen? Verändere dann deinen Fokus auf deine Gefühlswelt. Welche Gefühle bewegen sich in dir? Oft sind es mehrere Gefühle gleichzeitig, die deinen momentanen Zustand beschreiben. Zum Abschluss beobachte deinen Geist. Womit beschäftigen sich deine Gedanken gerade? Hängst du in einem Gedankenkarussell? Denkst du in die Zukunft oder über die Vergangenheit nach?

Folge deiner Neugier. Sie bringt dich genau an die Stellen, die sich zeigen wollen.

2. Januar bis 31. Januar 2022

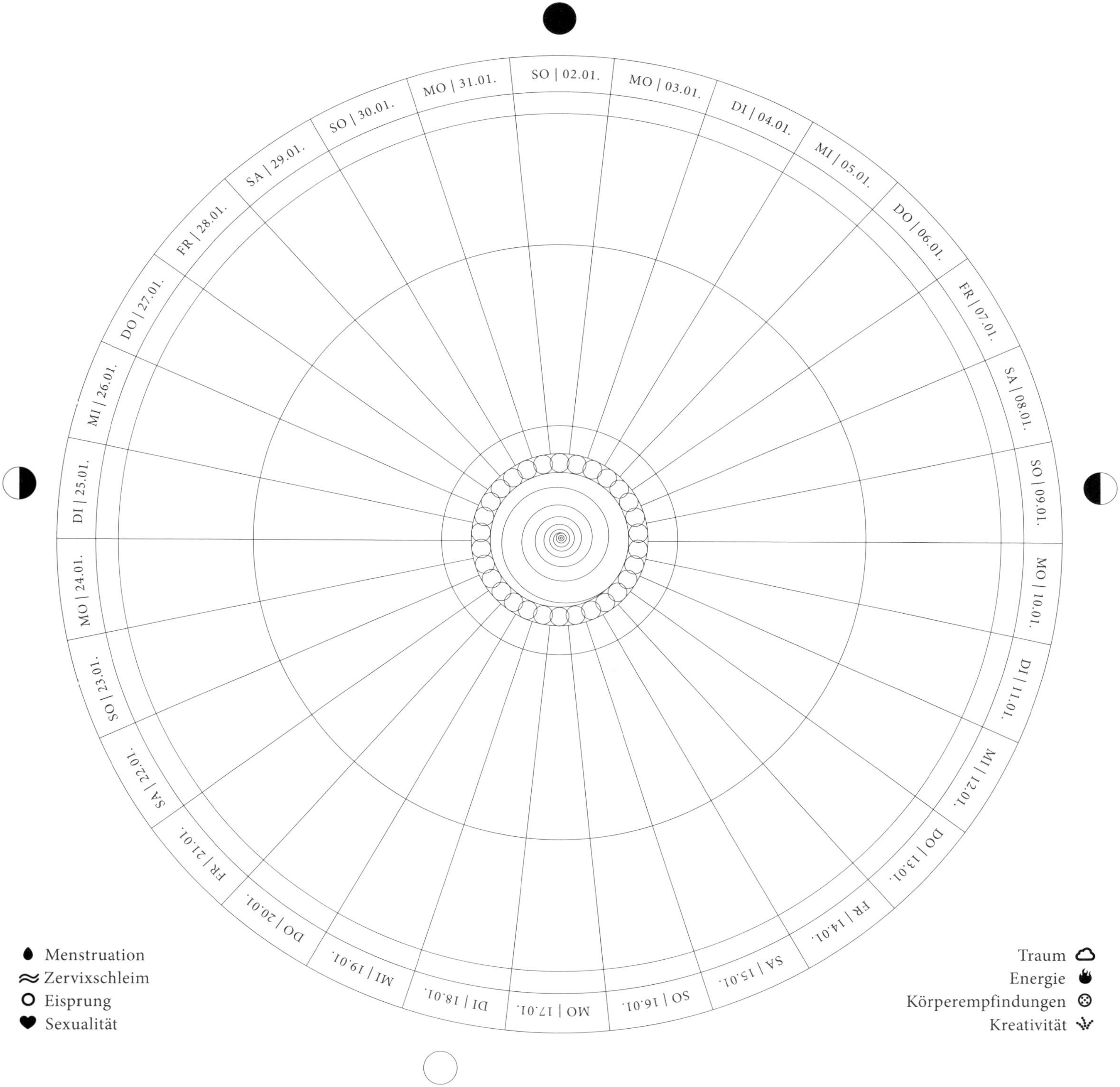

Menstruation
Zervixschleim
Eisprung
Sexualität

Traum
Energie
Körperempfindungen
Kreativität

SO | 02.01.

MO | 03.01.

DI | 04.01.

MI | 05.01.

DO | 06.01.

FR | 07.01.

SA | 08.01.

SO | 09.01.

MO | 10.01.

DI | 11.01.

MI | 12.01.

DO | 13.01.

FR | 14.01.

SA | 15.01.

SO | 16.01.

MO | 17.01.

DI | 18.01.

MI | 19.01.

DO | 20.01.

FR | 21.01.

SO | 22.01.

MO | 23.01.

DI | 24.01.

MI | 25.01.

DO | 26.01.

FR | 27.01.

SA | 28.01.

SO | 29.01.

MO | 30.01.

DI | 31.01.

Welche Themen haben mich in diesem Zyklus bewegt?

Was möchte ich in diesem Zyklus loslassen?

Was möchte ich in meinen nächsten Zyklus einladen?

1. Februar bis 1. März 2022

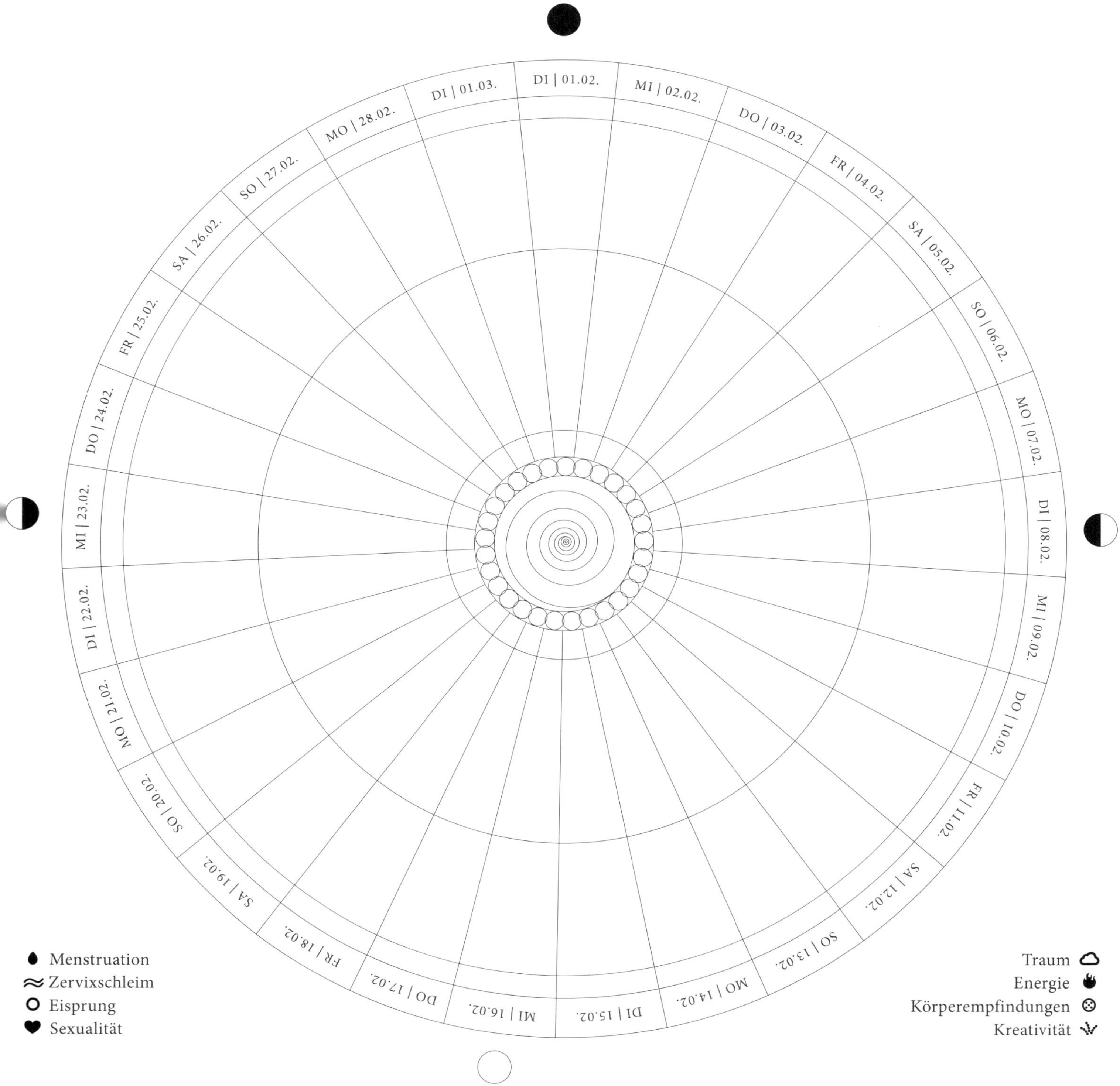

Menstruation
Zervixschleim
Eisprung
Sexualität

Traum
Energie
Körperempfindungen
Kreativität

DI | 01.02.

MI | 02.02.

DO | 03.02.

FR | 04.02.

SA | 05.02.

SO | 06.02.

MO | 07.02.

DI | 08.02.

MI | 09.02.

DO | 10.02.

FR | 11.02.

SA | 12.02.

SO | 13.02.

MO | 14.02.

DI | 15.02.

MI | 16.02.

DO | 17.02.

FR | 18.02.

SA | 19.02.

SO | 20.02.

MO | 21.02.

DI | 22.02.

MI | 23.02.

DO | 24.02.

FR | 25.02.

SA | 26.02.

SO | 27.02.

MO | 28.02.

DI | 01.03.

Welche Themen haben mich in diesem Zyklus bewegt?

Was möchte ich in diesem Zyklus loslassen?

Was möchte ich in meinen nächsten Zyklus einladen?

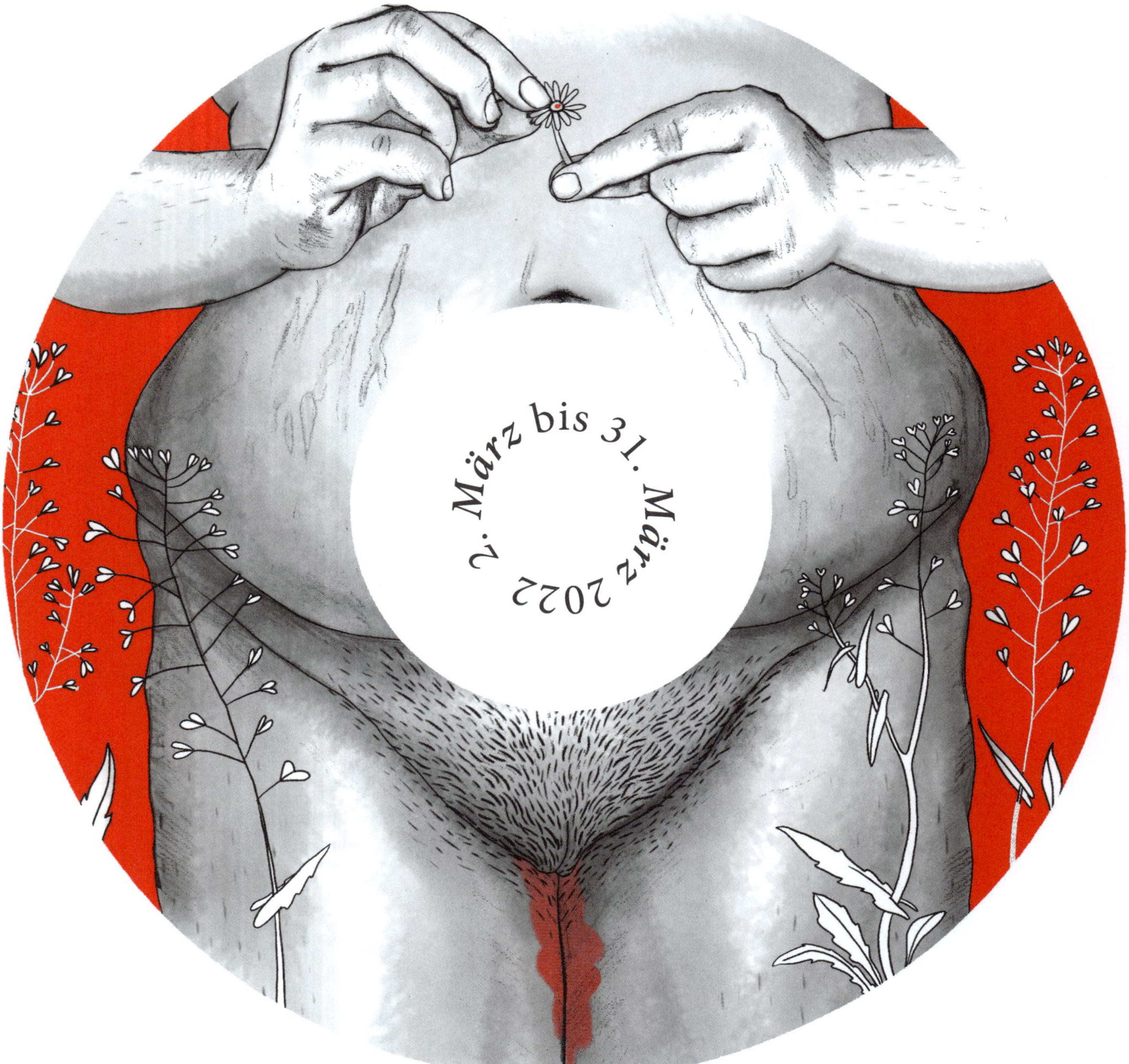
2. März bis 31. März 2022

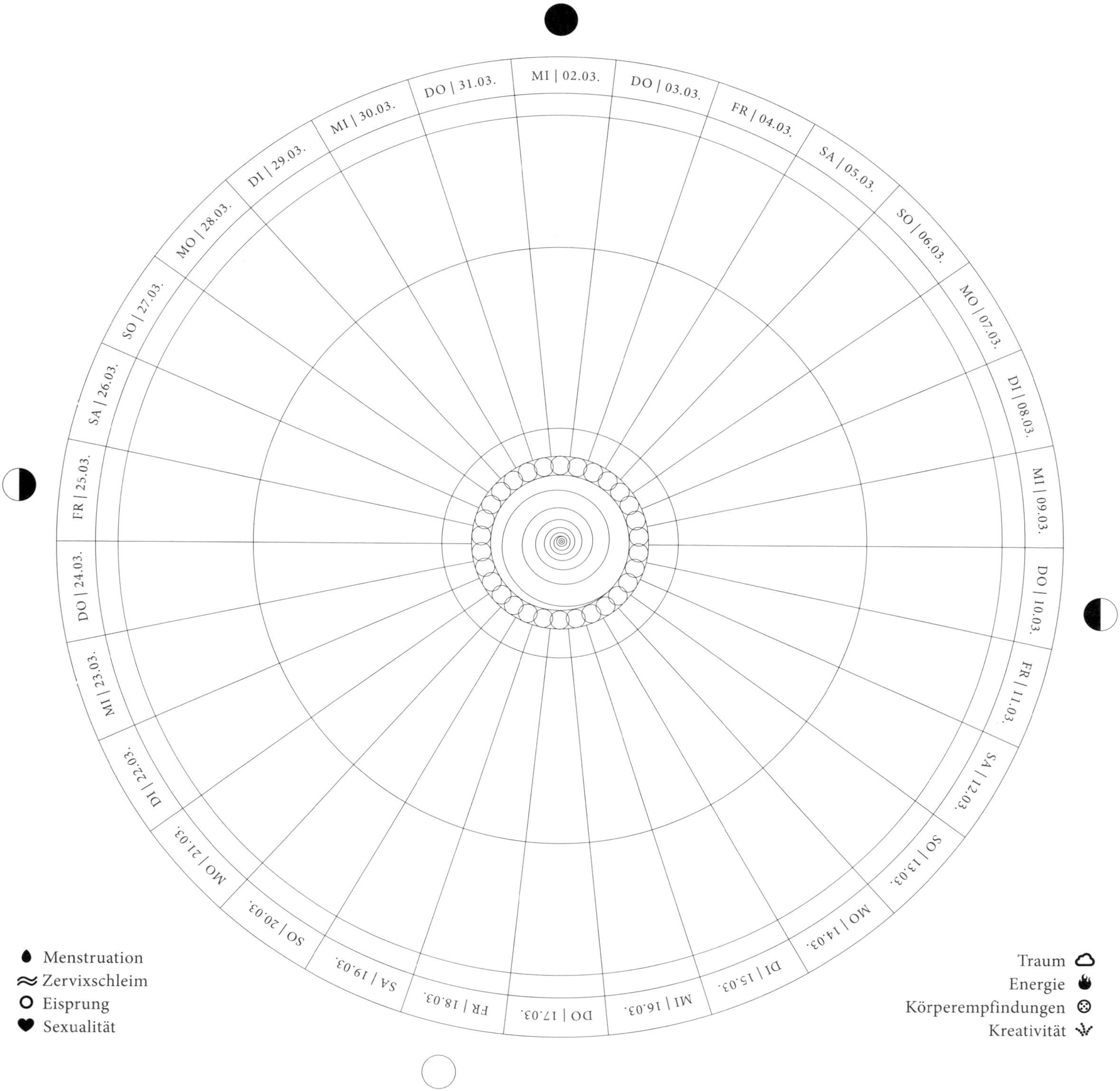

- Menstruation
- Zervixschleim
- Eisprung
- Sexualität

Traum
Energie
Körperempfindungen
Kreativität

MI | 02.03.

DO | 03.03.

FR | 04.03.

SA | 05.03.

SO | 06.03.

MO | 07.03.

DI | 08.03.

MI | 09.03.

DO | 10.03.

FR | 11.03.

SA | 12.03.

SO | 13.03.

MO | 14.03.

DI | 15.03.

MI | 16.03.

DO | 17.03.

FR | 18.03.

SA | 19.03.

SO | 20.03.

MO | 21.03.

DI | 22.03.

MI | 23.03.

DO | 24.03.

FR | 25.03.

SA | 26.03.

SO | 27.03.

MO | 28.03.

DI | 29.03.

MI | 30.03.

DO | 31.03.

Welche Themen haben mich in diesem Zyklus bewegt?

Was möchte ich in diesem Zyklus loslassen?

Was möchte ich in meinen nächsten Zyklus einladen?

1. April bis 29. April 2022

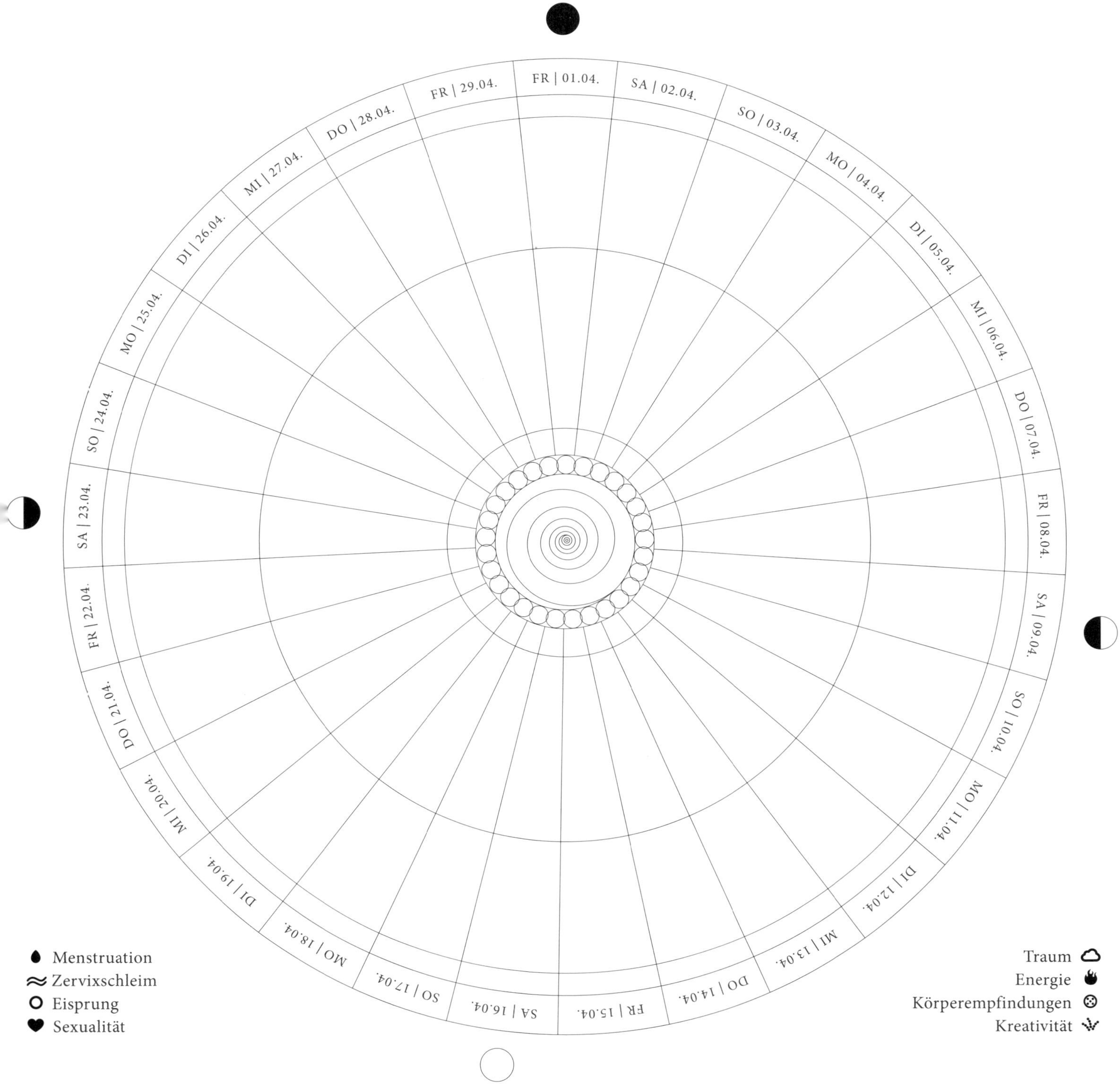

Menstruation
Zervixschleim
Eisprung
Sexualität

Traum
Energie
Körperempfindungen
Kreativität

FR | 01.04.

SA | 02.04.

SO | 03.04.

MO | 04.04.

DI | 05.04.

MI | 06.04.

DO | 07.04.

FR | 08.04.

SA | 09.04.

SO | 10.04.

MO | 11.04.

DI | 12.04.

MI | 13.04.

DO | 14.04.

FR | 15.04.

SA | 16.04.

SO | 17.04.

MO | 18.04.

DI | 19.04.

MI | 20.04.

DO | 21.04.

FR | 22.04.

SA | 23.04.

SO | 24.04.

MO | 25.04.

DI | 26.04.

MI | 27.04.

DO | 28.04.

FR | 29.04.

Welche Themen haben mich in diesem Zyklus bewegt?

Was möchte ich in diesem Zyklus loslassen?

Was möchte ich in meinen nächsten Zyklus einladen?

30. April bis 29. Mai 2022

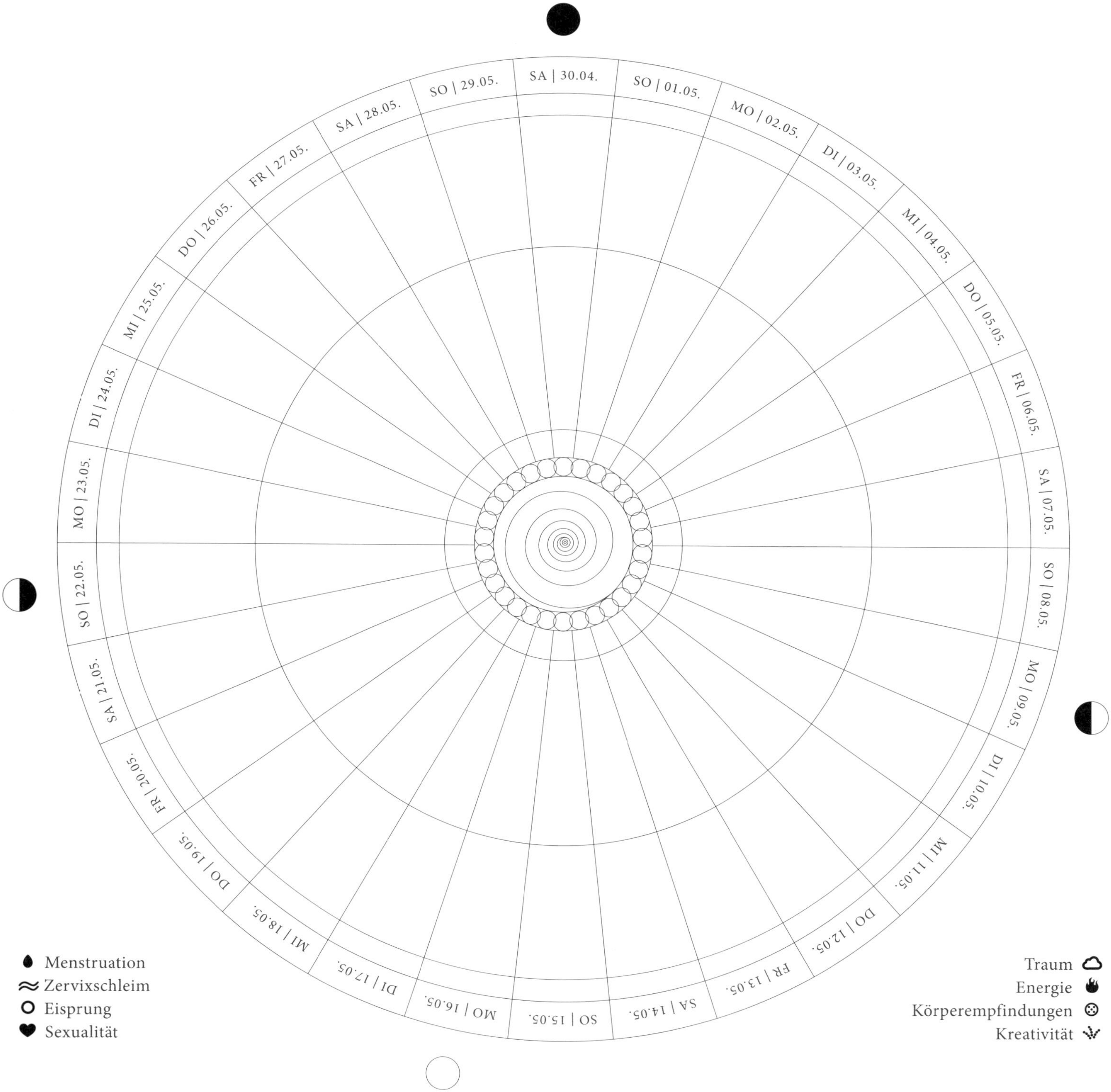

- Menstruation
- Zervixschleim
- Eisprung
- Sexualität

- Traum
- Energie
- Körperempfindungen
- Kreativität

SA | 30.04.

SO |01.05.

MO | 02.05.

DI | 03.05.

MI | 04.05.

DO | 05.05.

FR | 06.05.

SA | 07.05.

SO | 08.05.

MO | 09.05.

DI | 10.05.

MI | 11.05.

DO | 12.05.

FR | 13.05.

SA | 14.05.

SO | 15.05.

MO | 16.05.

DI | 17.05.

MI | 18.05.

DO | 19.05.

FR | 20.05.

SA | 21.05.

SO | 22.05.

MO | 23.05.

DI | 24.05.

MI | 25.05.

DO | 26.05.

FR | 27.05.

SA | 28.05.

SO | 29.05.

Welche Themen haben mich in diesem Zyklus bewegt?

Was möchte ich in diesem Zyklus loslassen?

Was möchte ich in meinen nächsten Zyklus einladen?

30. Mai bis 28. Juni 2022

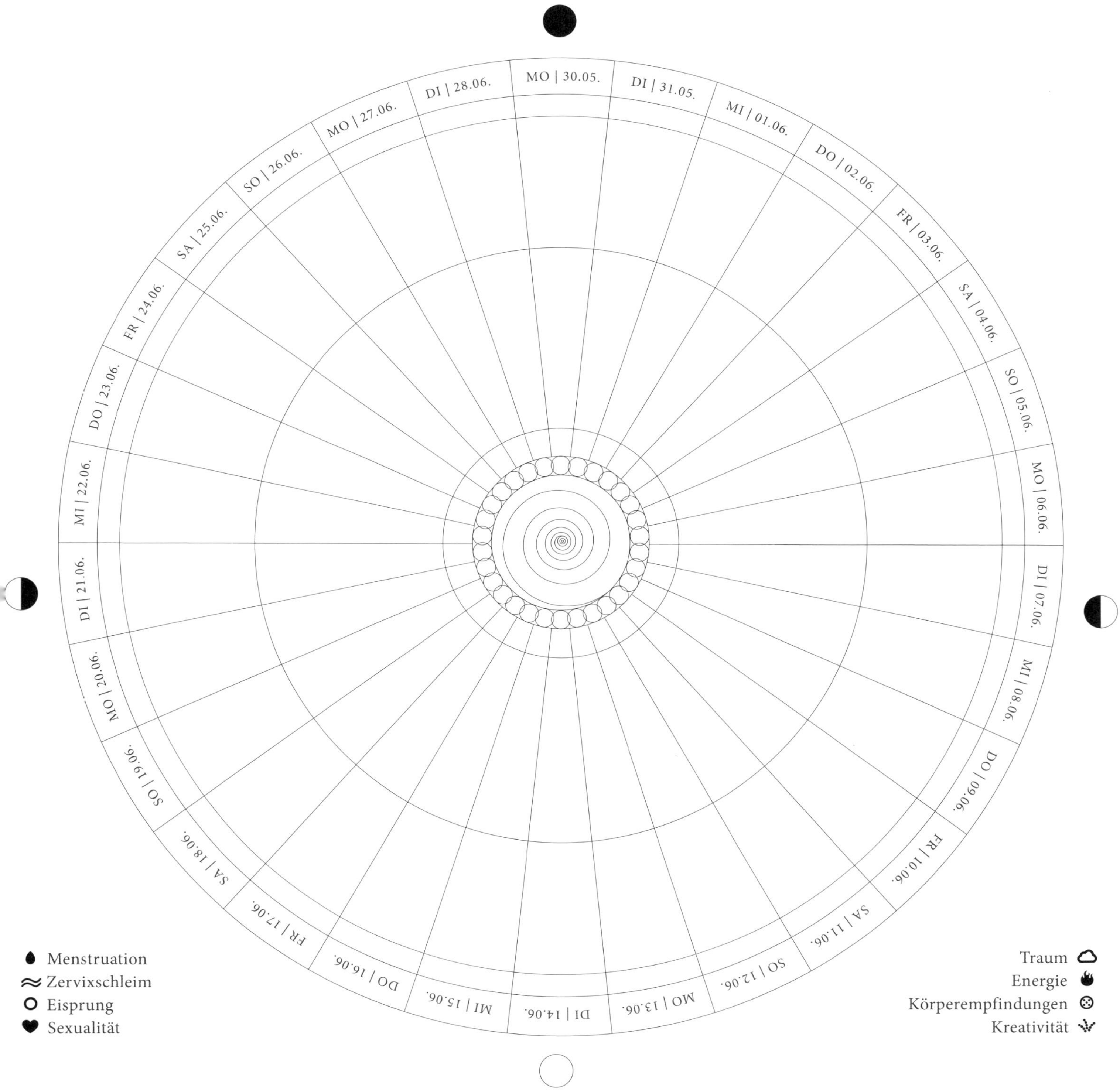

Menstruation
Zervixschleim
Eisprung
Sexualität

Traum
Energie
Körperempfindungen
Kreativität

MO | 30.05.

DI | 31.05.

MI | 01.06.

DO | 02.06.

FR | 03.06.

SA | 04.06.

SO | 05.06.

MO | 06.06.

DI | 07.06.

MI | 08.06.

DO | 09.06.

FR | 10.06.

SA | 11.06.

SO | 12.06.

MO | 13.06.

DI | 14.06.

MI | 15.06.

DO | 16.06.

FR | 17.06.

SA | 18.06.

SO | 19.06.

MO | 20.06.

DI | 21.06.

MI | 22.06.

DO | 23.06.

FR | 24.06.

SA | 25.06.

SO | 26.06.

MO | 27.06.

DI | 28.06.

Welche Themen haben mich in diesem Zyklus bewegt?

Was möchte ich in diesem Zyklus loslassen?

Was möchte ich in meinen nächsten Zyklus einladen?

29. Juni bis 27. Juli 2022

MI | 29.06.
DO | 30.06.
FR | 01.07.
SA | 02.07.
SO | 03.07.
MO | 04.07.
DI | 05.07.
MI | 06.07.
DO | 07.07.
FR | 08.07.
SA | 09.07.
SO | 10.07.
MO | 11.07.
DI | 12.07.
MI | 13.07.
DO | 14.07.
FR | 15.07.
SA | 16.07.
SO | 17.07.
MO | 18.07.
DI | 19.07.
MI | 20.07.
DO | 21.07.
FR | 22.07.
SA | 23.07.
SO | 24.07.
MO | 25.07.
DI | 26.07.
MI | 27.07.
Menstruation
Zervixschleim
Eisprung
Sexualität
Traum
Energie
Körperempfindungen
Kreativität

MI | 29.06.

DO | 30.06.

FR | 01.07.

SA | 02.07.

SO | 03.07.

MO | 04.07.

DI | 05.07.

MI | 06.07.

DO | 07.07.

FR | 08.07.

SA | 09.07.

SO | 10.07.

MO | 11.07.

DI | 12.07.

MI | 13.07.

DO | 14.07.

FR | 15.07.

SA | 16.07.

SO | 17.07.

MO | 18.07.

DI | 19.07.

MI | 20.07.

DO | 21.07.

FR | 22.07.

SA | 23.07.

SO | 24.07.

MO | 25.07.

DI | 26.07.

MI | 27.07.

Welche Themen haben mich in diesem Zyklus bewegt?

Was möchte ich in diesem Zyklus loslassen?

Was möchte ich in meinen nächsten Zyklus einladen?

28. *Juli* bis 26. August 2022

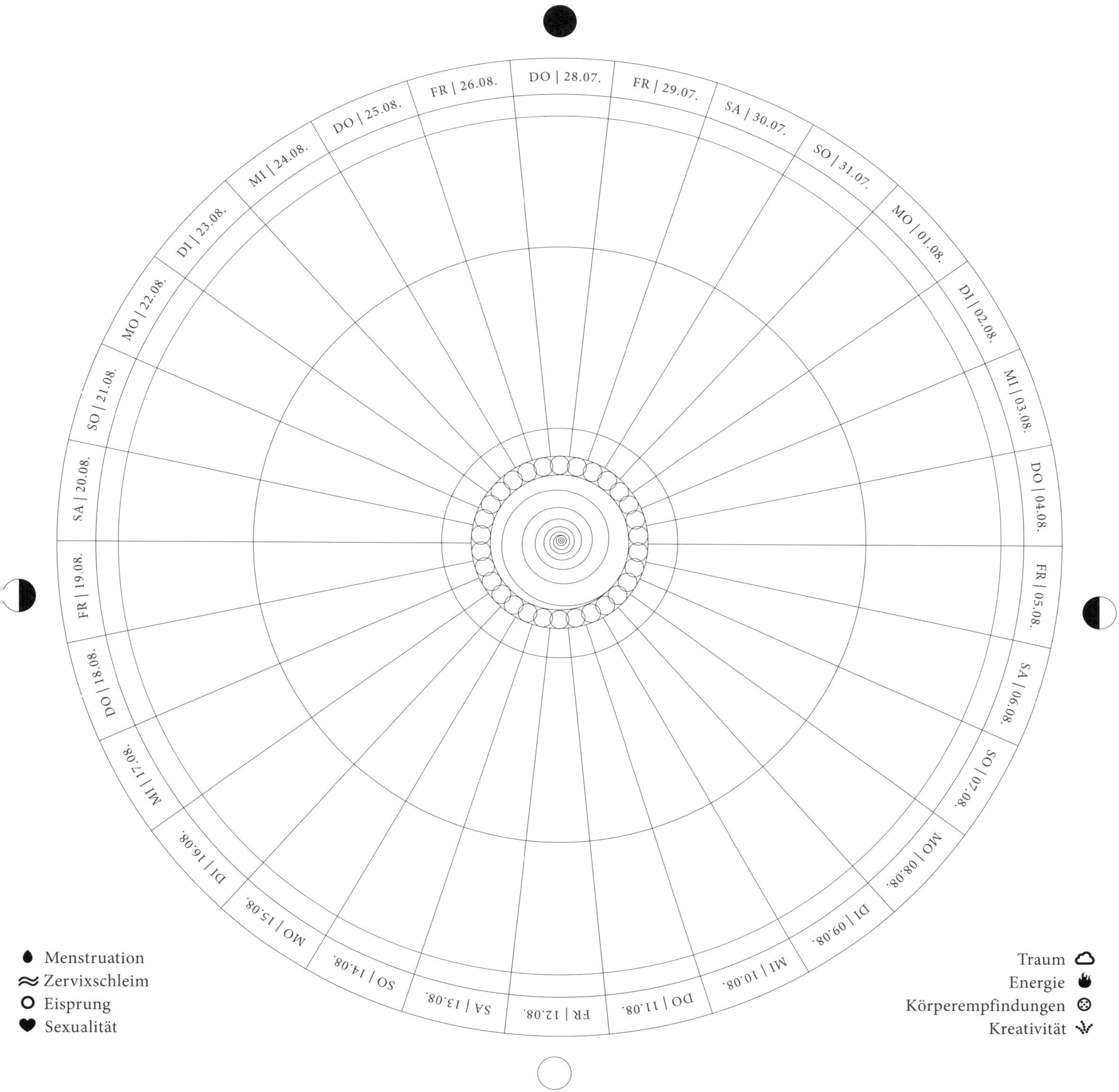
DO | 28.07.
FR | 29.07.
SA | 30.07.
SO | 31.07.
MO | 01.08.
DI | 02.08.
MI | 03.08.
DO | 04.08.
FR | 05.08.
SA | 06.08.
SO | 07.08.
MO | 08.08.
DI | 09.08.
MI | 10.08.
DO | 11.08.
FR | 12.08.
SA | 13.08.
SO | 14.08.
MO | 15.08.
DI | 16.08.
MI | 17.08.
DO | 18.08.
FR | 19.08.
SA | 20.08.
SO | 21.08.
MO | 22.08.
DI | 23.08.
MI | 24.08.
DO | 25.08.
FR | 26.08.
Menstruation
Zervixschleim
Eisprung
Sexualität
Traum
Energie
Körperempfindungen
Kreativität

DO | 28.07.

FR | 29.07.

SA | 30.07.

SO | 31.07.

MO | 01.08.

DI | 02.08.

MI | 03.08.

DO | 04.08.

FR | 05.08.

SA | 06.08.

SO | 07.08.

MO | 08.08.

DI | 09.08.

MI | 10.08.

DO | 11.08.

FR | 12.08.

SA | 13.08.

SO | 14.08.

MO | 15.08.

DI | 16.08.

MI | 17.08.

DO | 18.08.

FR | 19.08.

SA | 20.08.

SO | 21.08.

MO | 22.08.

DI | 23.08.

MI | 24.08.

DO | 25.08.

FR | 26.08.

Welche Themen haben mich in diesem Zyklus bewegt?

Was möchte ich in diesem Zyklus loslassen?

Was möchte ich in meinen nächsten Zyklus einladen?

27. August bis 24. September 2022

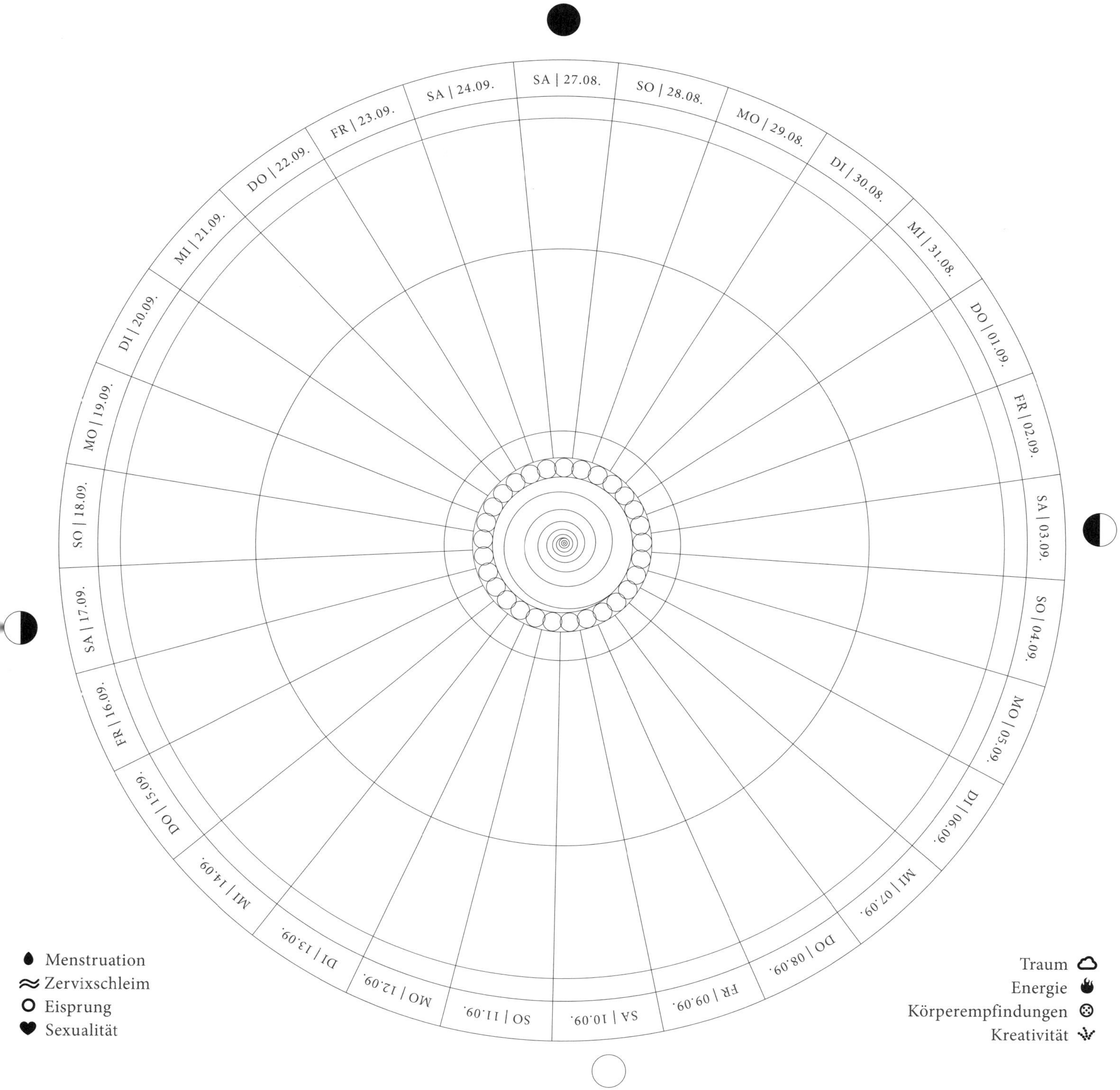

Menstruation
Zervixschleim
Eisprung
Sexualität

Traum
Energie
Körperempfindungen
Kreativität

SA | 27.08.

SO | 28.08.

MO | 29.08.

DI | 30.08.

MI | 31.08.

DO | 01.09.

FR | 02.09.

SA | 03.09.

SO | 04.09.

MO | 05.09.

DI | 06.09.

MI | 07.09.

DO | 08.09.

FR | 09.09.

SA | 10.09.

SO | 11.09.

MO | 12.09.

DI | 13.09.

MI | 14.09.

DO | 15.09.

FR | 16.09.

SA | 17.09.

SO | 18.09.

MO | 19.09.

DI | 20.09.

MI | 21.09.

DO | 22.09.

FR | 23.09.

SA | 24.09.

Welche Themen haben mich in diesem Zyklus bewegt?

Was möchte ich in diesem Zyklus loslassen?

Was möchte ich in meinen nächsten Zyklus einladen?

25. September bis 24. Oktober 2022

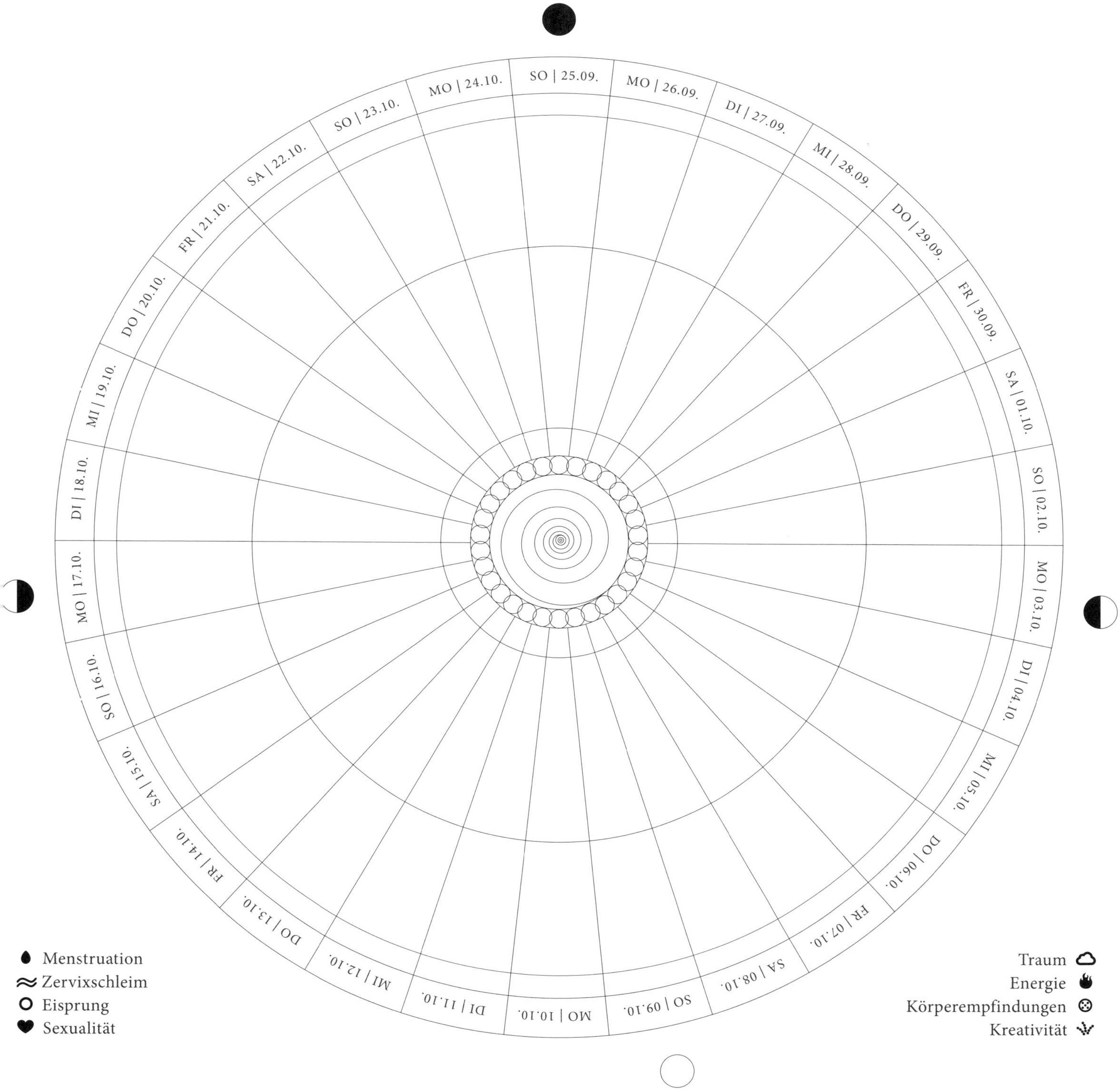

- Menstruation
- Zervixschleim
- Eisprung
- Sexualität

- Traum
- Energie
- Körperempfindungen
- Kreativität

SO | 25.09.

MO | 26.09.

DI | 27.09.

MI | 28.09.

DO | 29.09.

FR | 30.09.

SA | 01.10.

SO | 02.10.

MO | 03.10.

DI | 04.10.

MI | 05.10.

DO | 06.10.

FR | 07.10.

SA | 08.10.

SO | 09.10.

MO | 10.10.

DI | 11.10.

MI | 12.10.

DO | 13.10.

FR | 14.10.

SA | 15.10.

SO | 16.10.

MO | 17.10.

DI | 18.10.

MI | 19.10.

DO | 20.10.

FR | 21.10.

SA | 22.10.

SO | 23.10.

MO | 24.10.

Welche Themen haben mich in diesem Zyklus bewegt?

Was möchte ich in diesem Zyklus loslassen?

Was möchte ich in meinen nächsten Zyklus einladen?

25. Oktober bis 22. November 2022

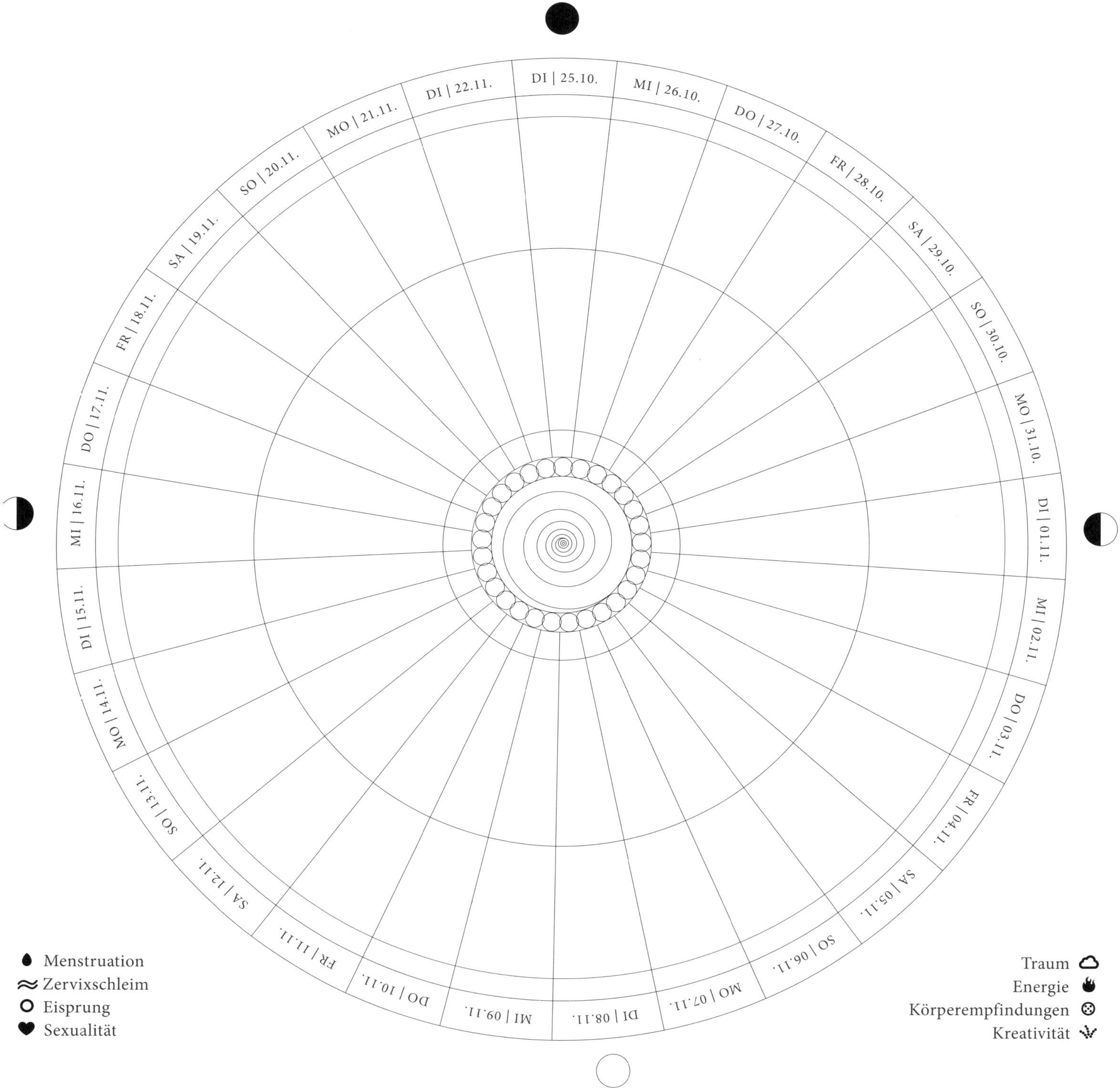
DI | 25.10.
MI | 26.10.
DO | 27.10.
FR | 28.10.
SA | 29.10.
SO | 30.10.
MO | 31.10.
DI | 01.11.
MI | 02.11.
DO | 03.11.
FR | 04.11.
SA | 05.11.
SO | 06.11.
MO | 07.11.
DI | 08.11.
MI | 09.11.
DO | 10.11.
FR | 11.11.
SA | 12.11.
SO | 13.11.
MO | 14.11.
DI | 15.11.
MI | 16.11.
DO | 17.11.
FR | 18.11.
SA | 19.11.
SO | 20.11.
MO | 21.11.
DI | 22.11.
Menstruation
Zervixschleim
Eisprung
Sexualität
Traum
Energie
Körperempfindungen
Kreativität

DI | 25.10.

MI | 26.10.

DO | 27.10.

FR | 28.10.

SA | 29.10.

SO | 30.10.

MO | 31.10.

DI | 01.11.

MI | 02.11.

DO | 03.11.

FR | 04.11.

SA | 05.11.

SO | 06.11.

MO | 07.11.

DI | 08.11.

MI | 09.11.

DO | 10.11.

FR | 11.11.

SA | 12.11.

SO | 13.11.

MO | 14.11.

DI | 15.11.

MI | 16.11.

DO | 17.11.

FR | 18.11.

SA | 19.11.

SO | 20.11.

MO | 21.11.

DI | 22.11.

Welche Themen haben mich in diesem Zyklus bewegt?

Was möchte ich in diesem Zyklus loslassen?

Was möchte ich in meinen nächsten Zyklus einladen?

23. November bis 22. Dezember 2022

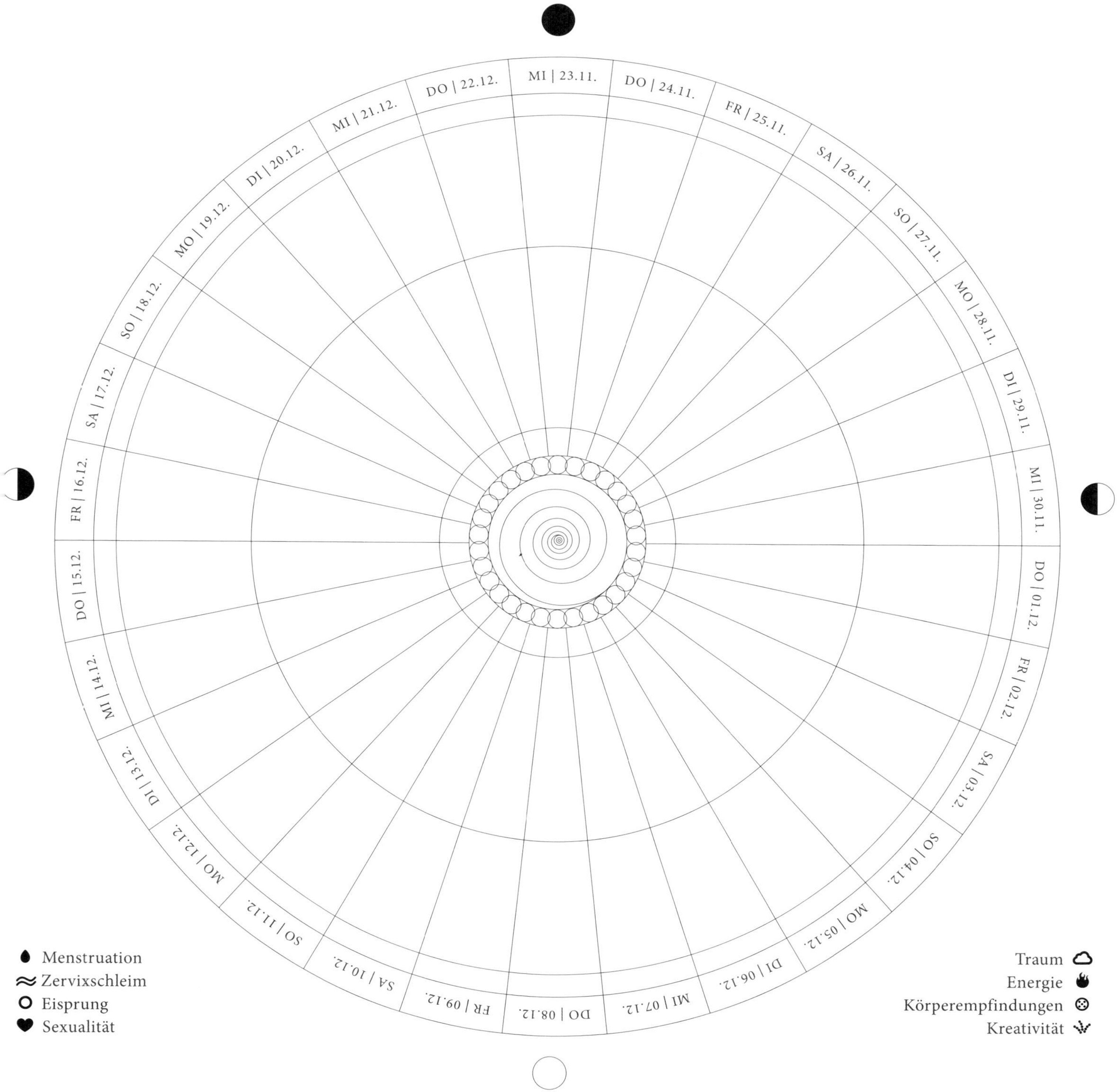

Menstruation
Zervixschleim
Eisprung
Sexualität

Traum
Energie
Körperempfindungen
Kreativität

DO | 23.11.

FR | 24.11.

SA | 25.11.

SO | 26.11.

MO | 27.11.

DI | 28.11.

MI | 29.11.

DO | 30.11.

FR | 01.12.

SA | 02.12.

SO | 03.12.

MO | 04.12.

DI | 05.12.

MI | 06.12.

DO | 07.12.

FR | 08.12.

SA | 09.12.

SO | 10.12.

MO | 11.12.

DI | 12.12.

MI | 13.12.

DO | 14.12.

FR | 15.12.

SA | 16.12.

SO | 17.12.

MO | 18.12.

DI | 19.12.

MI | 20.12.

DO | 21.12.

FR | 22.12.

Welche Themen haben mich in diesem Zyklus bewegt?

Was möchte ich in diesem Zyklus loslassen?

Was möchte ich in meinen nächsten Zyklus einladen?

MONDINVERLAUF

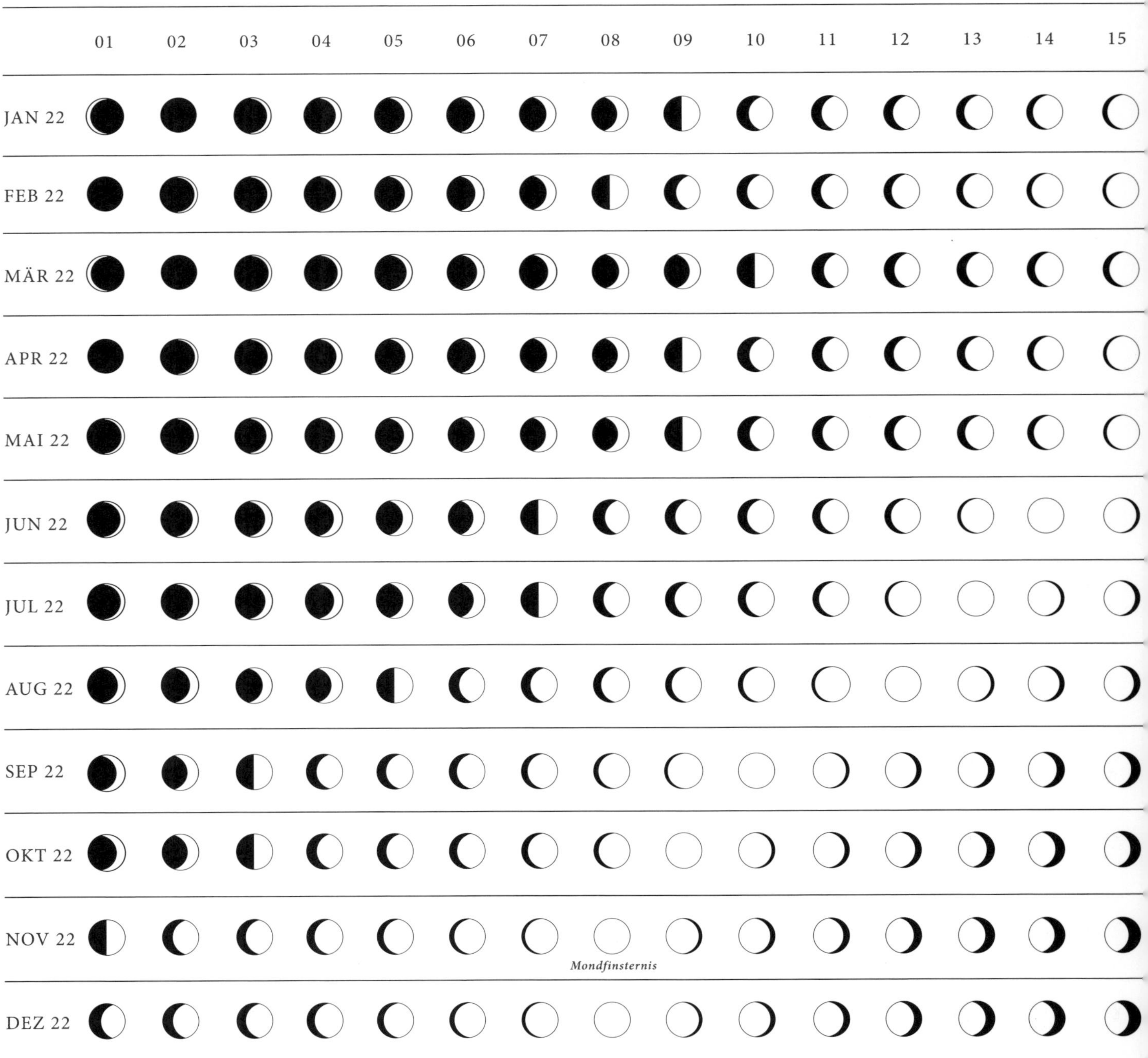

Januar bis *Dezember* 2022

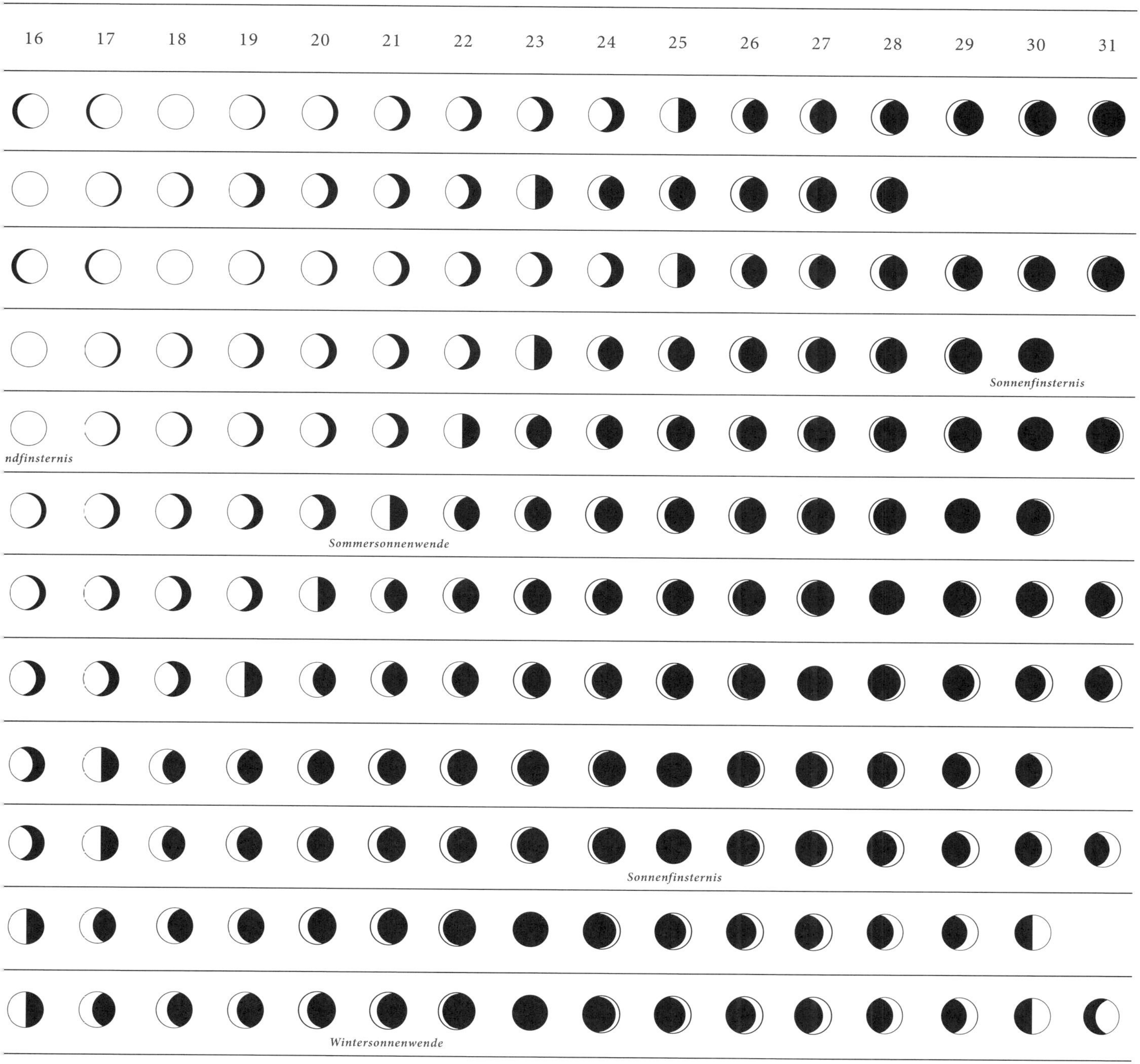

Was hast du über dich und deinen Zyklus ***entdeckt***?

Welche Rolle spielt dein Zyklus in deinem Leben?

Welche Phase deines Zyklus ***fordert dich*** und was genau sind die Herausforderungen?
Was wünschst du dir für diese Phase?

Wie hast du während der letzten zwölf Zyklen für dich selbst gesorgt
und was ist deine liebste Selbstfürsorge?

Mit welcher Phase deines Zyklus ***fühlst du dich am wohlsten***?
Was an dir magst du in dieser Phase?

Haben sich einige deiner ***Intentionen und Träume verwirklicht***?
Wenn ja, wie hat sich dein Leben dadurch verändert?

Wie ***verbunden*** fühlst du dich mit dir selbst
und deinem inneren Rhythmus?

Lass dein HERZ und SCHOSSRAUM *sprechen*

❤

Platz für eigene GEDANKEN

ÜBER DIE AUTORIN

Dörte Stanek

unterstützt Frauen darin, mit ganzen Herzen ihr volles Potential zu entdecken und das eigene Leben selbstbestimmt und erfüllt zu kreieren. Im Mittelpunkt ihrer Arbeit steht die Wiederentdeckung des Körpers als Heimat und Ort für Genuss und Transformation. Dörte vermittelt eine tiefe Verbundenheit mit der zyklischen Lebensweise und eröffnet Räume, um Konditionierungen und Limitierungen abzustreifen und innere Freiheit zu erfahren. Ihre Arbeit wird insbesondere von dem Wunsch getragen, den weiblichen Weg auf kollektiver Ebene zu erwecken und dadurch die Beziehung zur Erde zu heilen. Dörte hat Somatische Psychologie (Master, USA) mit Schwerpunkt körpertherapeutische Traumatherapie studiert, ist Heilpraktikerin für Psychotherapie und Zykluscoachin (Red School). In ihrer Arbeit webt sie verschiedene Elemente aus westlicher Psychologie, achtsamer Körpererforschung, kreativem Gestalten und Ritualarbeit zusammen. Dörte teilt ihr Wirken in Einzelsitzungen, Workshops, Retreats und Onlinekursen.

Neugierig geworden?

Hier findest du mehr Informationen:
www.weavingcycles.com

Schau bei der weaving cycles community vorbei:
Instagram: weavingcycles

DIE MENSTRUATION UND DIE NATUR

Der Zyklus und die Natur stehen im engen Zusammenhang. Je mehr wir unsere Körper bewohnen und unsere innere Natur erspüren, desto deutlicher wird, dass wir ein Teil von Mutter Erde sind. Den Körper zu beachten, heißt auch, nachhaltiger mit sich und der Natur umzugehen. Es gibt mittlerweile viele wunderbare Menstruationsprodukte, die dich auf diesem Weg unterstützen können.

Kulmine bewusst natürlich.

Seit 1993 stellt Kulmine waschbare Slipeinlagen und Binden aus Bio-Baumwolle her und leistet damit Pionierarbeit in Europa. Ergänzt wird das Sortiment durch Menstruationstässchen, natürliche Menstruationsschwämmchen und Allerlei mehr.

Kulmine trägt mit ihrer Arbeit dazu bei, dass Menschen sich und ihren Körper neu erleben, verstehen und wertschätzen. Tag für Tag arbeiten sie daran, Tabus sanft aufzulösen und dass weibliche Stärke mit allen ihren Zyklen in Gänze wertgeschätzt wird – in ihrem Blog, in Beratungen und Workshops und nicht zuletzt mit ihrer nachhaltigen Produktpalette.

Onlineshop: Kulmine.de

Stoffbinden-Nähanleitung: kulmine.de/naehanleitung

DANKESCHÖN

Mein Dankeschön geht an die Menschen, die mich inspirieren größer zu träumen und mich auf dem Weg durch das Mysterium Leben begleiten.

Ich bedanke mich von ganzem Herzen bei allen Menschen, die sich Zeit nehmen, mir zu sagen, wie sehr sie das Journal unterstützt auf ihrer Entdeckungsreise zu sich selbst.

Ein ganz großes Dankeschön geht an meine Mentorinnen Alexandra Pope und Sjanie Hugo Wurlitzer von Red School, von denen ich lernen durfte. Ihr Wissen über die zyklische Kraft des Lebens und die Rolle, die die Psyche dabei spielt, hat mir geholfen, meinen Zyklus auf tiefer Ebene in meinem Körpersein zu erforschen.

Mit dem Kauf dieses Journals unterstützt du das Projekt Treesisters.
1 Journal = 1 neu gepflanzter Baum im brasilianischen Regenwald.
Mehr Info findest du auf *www.treesisters.org*

Impressum

1. Auflage, 2021
Bücherquelle Verlag, 16909 Wittstock
www.buecherquelle-verlag.de
Idee, Konzept, Text: Dörte Stanek, www.weavingcycles.com
Illustration: Atelier Solawende - Charlotte Boer, www.solawende.com
Grafik: Anja Flieda Fritzsche, www.flieda.com
Lektorat: Christiana Waldherr, Bücherquelle Verlag
Druck und Bindearbeiten: Aproofed OHG, 78609 Tuningen, www.aproofed.eu
Gedruckt auf: Juwel Offset, PEFC zertifiziertes Papier

BÜCHER
QUELLE